Collection
« Petite philosophie du voyage »

Le 08/10/2015.

Robbie.

you know surfing.

Now you've to know

french.

LODEWIJK ALLAERT

L'INSTINCT DE LA GLISSE

*Petit hymne au surf, aux vagues
et à la liberté*

TRANSBORÉAL

Lodewijk.

Né en 1980, Lodewijk Allaert a grandi au bord de la mer du Nord, où il a pratiqué le char à voile, le *speed sail*, le *windsurf*, la voile, le kayak ou encore le *bodyboard*. Mais c'est le surf qui cristallise sa passion pour l'eau et la glisse. Entre des séjours en Cornouailles et aux Açores, il sillonne des années durant la côte d'Aquitaine, berceau du surf européen, et fréquente aussi le littoral portugais. Il se lance en 2007 avec sa compagne dans une expédition en kayak de Budapest à Istanbul. De 2008 à 2010, Lodewijk Allaert réside au Mexique. Quand il ne s'aventure pas sur les sommets volcaniques ou dans la jungle tropicale, il vit à Huatulco, dans l'État d'Oaxaca, une ville située sur l'une des côtes d'Amérique centrale les plus exposées à la houle du Pacifique.

L'homme et la mer

Homme libre, toujours tu chériras la mer !
La mer est ton miroir ; tu contemples ton âme
Dans le déroulement infini de sa lame,
Et ton esprit n'est pas un gouffre moins amer.

Tu te plais à plonger au sein de ton image ;
Tu l'embrasses des yeux et des bras, et ton cœur
Se distrait quelquefois de sa propre rumeur
Au bruit de cette plainte indomptable et sauvage.

Vous êtes tous les deux ténébreux et discrets :
Homme, nul n'a sondé le fond de tes abîmes,
Ô mer, nul ne connaît tes richesses intimes,
Tant vous êtes jaloux de garder vos secrets !

Et cependant voilà des siècles innombrables
Que vous vous combattez sans pitié ni remords,
Tellement vous aimez le carnage et la mort,
Ô lutteurs éternels, ô frères implacables !

Charles Baudelaire, *Les Fleurs du mal*
(Paris, 1857).

À Kristel.

IMPOSSIBLE DE SAVOIR laquelle, de l'eau ou de la glisse, m'a séduit la première. Peut-être faut-il remonter à la naissance, au grand saut ? Je glissai au monde après avoir flotté des mois dans le ventre de ma mère...

Ma seule certitude remonte aux premières vagues, lorsque des heures durant je restais dans l'eau glaciale, essayant de dompter ma planche sur des paquets d'écume. L'automne était propice, il amenait les fortes marées, les tempêtes et la houle ; le froid aussi. Malgré l'onglée, les dents qui claquent, l'hypothermie parfois ; malgré les vagues capricieuses, le vent ou les forts courants, je savais que ces moments, immanquablement, me transporteraient de joie.

Des promeneurs interdits s'arrêtaient un instant pour m'observer depuis la digue qui longe la plage de Dunkerque. Le spectacle n'avait rien de grandiose et ils n'admiraient pas les prouesses d'un surfeur aguerri. Non, bien au sec, emmitouflés dans leurs anoraks, ils regardaient ce gosse se démener dans la mer du Nord en plein mois de novembre, s'interrogeant peut-être sur les raisons étranges qui l'avaient conduit là.

Pendant longtemps je ne me suis pas posé la question, ou plutôt je n'ai pas su la formuler, tant le surf s'exempt de l'énoncé, tant il est intuition et sensation pures. Guidé par l'instinct et l'ivresse, je sillonnai les rivages d'Europe à la rencontre d'autres paysages, d'autres formes, de couleurs et d'émotions variées. J'allai jusqu'au milieu de l'Atlantique sur les plages de São Miguel aux Açores ou celles de Cornouailles en Grande-Bretagne. Je renouvelai mes voyages en Aquitaine et en Bretagne, me mêlai aux hippies et aux surfeurs marginaux qui vivent leurs rêves d'été sans fin sur les étendues encore désertes des côtes portugaises. Car moi aussi, sans le savoir, je nourrissais un rêve. Percevant dans l'eau l'écho lointain d'une vérité primitive, je cherchais l'union sublime entre l'homme et son monde, le surfeur et la vague.

Plusieurs années passèrent et après une longue apnée loin de l'horizon, je retrouvai le goût du sel, qui ne m'avait pas quitté. J'étais sous les tropiques, au Mexique, immergé dans une dimension nouvelle, bien loin du climat et des paysages de mon enfance. La houle du Pacifique formée au large des Aléoutiennes franchissait l'archipel d'Hawaii avant de venir s'écraser sur des côtes escarpées, couvertes d'une nature exubérante. J'appris, parfois avec fracas, à en mesurer la puissance inouïe, l'erreur laissant peu de chance à celui qui s'obstine. Je remontai la côte du sud au nord pour surfer les vagues mythiques de Barra de la Cruz, Puerto Escondido, Nexpa, La Ticla ou Pascuales. Je partageai le crépuscule avec des Hawaïens, des Californiens, des Australiens, ceux-là même qui incarnaient l'esprit du surf et le souffle contestataire des années 1960. L'eau désormais était chaude, les palmiers avaient remplacé les usines de ma ville natale, les badauds troqué leurs vêtements chauds pour des shorts à fleurs et la houle atteignait des hauteurs inquiétantes. Pourtant, là-bas comme sur mes premières vagues, intensément grisé par le frisson du surf, je sentais que rien n'avait changé.

Qui n'a jamais goûté à l'univers mystérieux et insaisissable de la glisse, cet entre-deux-mondes de l'impermanence qui nous allège de la gravité et nous transporte vers une dimension qui, en même temps qu'elle donne au corps la sensation d'être absolument au monde, laisse à l'esprit la liberté de ne plus être là ? Enfants déjà nous faisons nos premières glissades dans la baignoire ou sur les genoux d'un parent, bercé d'attention et encouragé de rires complices. Plus tard viendront celles du toboggan, au parc ou à la piscine municipale. Puis on se laissera glisser sur les fesses depuis le haut d'une dune ou d'un tas de gravier, on s'élancera en chaussettes sur le carrelage du salon. On se fera pousser dans un caddy sur le parking d'un supermarché, on imitera les copains qui dévalent la rambarde de l'escalier de l'école, essuyant les rappels à l'ordre de Monsieur le directeur. Il y aura le verglas dans les matins d'hiver ou la patinoire et ses premières chutes, aussi douloureuses que les rires des autres. Vient alors le moment tant attendu — tant redouté aussi — de grimper sur son premier vélo. En équilibre sur sa bicyclette, on se lance hésitant et fébrile à la conquête du vide, les mains tremblantes agrippées au guidon, les pieds cloués aux pédales, le regard cherche la ligne imaginaire qui nous porte vers l'avant. Le visage crispé s'apaise progressivement sous la caresse du vent ; le sourire emporte les peurs, et la confiance s'installant on roule plus vite, et plus vite encore, et saisi d'une joie ivre on parcourt l'asphalte en croyant voler. Peut-être alors découvre-t-on cette sensation qui bouscule les dimensions en changeant la vision de l'espace. Se sentant pousser des ailes, on investit les paysages urbains à patins à roulettes, ou on apprivoise l'anglais en même temps que le *skateboard, streetboard, bladeboard, carveboard, essboard, freeboard...* En montagne, on jongle avec les saisons, entre la neige et l'eau : l'hiver à ski ou en snowboard, l'été sur les lacs et rivières, à la recherche d'eaux calmes ou tumultueuses, pour redécouvrir le kayak et le canoë, vieux couple indissociable, parent de nombreuses autres disciplines.

Les plus audacieux quittent la terre ferme à la conquête du vide pour sauter en parachute depuis un avion, s'élancer d'un sommet en parapente ou d'une piste de ski en *speed riding*. Puis de quête de sensations en quête de liberté ils iront peut-être jusqu'à se laisser tomber du ciel vêtu de l'habit d'Icare – la *wingsuit* –, glissant en homme volant le long des parois rocheuses. Sur les côtes, d'autres avalent des kilomètres de sable blanc, allongés dans un char à voile ou debout sur un *speed-sail*. Puis, à force de regarder la mer, ils s'essaient aux différentes combinaisons de l'eau et du vent : le voilier, la planche à voile, le *kitesurf*... Pour que finalement, après tant de détours, resurgisse la prime simplicité, le chahut dans la houle venue mourir sur le rivage. Au creux de la vague apparaissent alors les arcanes du mouvement. Envoûté par ses courbes, on veut revenir absolument, peut-être muni d'une planche. Allongé puis debout, la glisse est éphémère mais excessivement intense, une moelle précieuse où se rencontrent en un trop court instant la sphère intime et l'eurythmie du monde.

Mon corps replié se balance, bercé par le son de l'eau ; j'éprouve une indescriptible sensation de bien-être ; je flotte. La masse liquide me bouscule, je m'en remets à elle, me laisse faire. Les paupières entrouvertes, je capte une lumière

diffuse et accidentelle, colorée d'ombres en mouvement. La surface est là, toute proche ; mon
corps cherche l'impulsion, en vain. La surface
est une peau et ne se transperce pas. Il me faudra
attendre quelque temps avant de quitter ce refuge
rassurant et confortable, avant de m'arracher
au monde flottant, au ventre de ma mère. Le
liquide amniotique m'abandonnera, et viendra
le moment de la naissance, expérience héroïque
qui m'entraînera jusqu'à la surface, où dans un
râle de douleur je sentirai le feu de l'oxygène
me brûler les poumons. Première inspiration,
première expiration, premier cri. Les sensations
primordiales de la vie et les sensations initiales
du surf sont marquées de manière analogue par
une notion de franchissement, de passage entre
deux mondes distincts : l'eau et l'air. C'est, pour
le surfeur, la conversion d'un état stationnaire et
passif d'attente de l'onde en une attitude réactive
dans un espace aérien. C'est, pour le nouveau-né,
le passage d'une vie intra-utérine symbiotique à
la violence d'un extérieur hostile fait de lumière
intense, de froid, d'air et de gravité. Dans les deux
cas, l'eau – monde serein, souple et voluptueux –

incarne le cocon sûr dont il faut s'arracher et au-delà duquel se trouvent le vide, l'inconnu, la pesanteur voire la chute.

Je ne me rappelle pas l'époque où je flottais dans le ventre de ma mère, mais je me souviens distinctement des instants voluptueux que j'ai vécus sur la courbe des vagues. Chacune se distingue par sa couleur, son bruit, sa forme, sa puissance et chacune laisse en moi, comme en tout amateur de surf, une empreinte indélébile. Elle est un murmure doux et rassurant ou au contraire un grondement féroce qui effraie. Comment oublier le vert opalescent transpercé par les rayons du soleil ou le bleu sombre et inquiétant de cette masse d'eau qu'on voit venir au loin ? J'apprécie le caractère bienveillant des vagues qui déferlent mollement sur la côte comme je me réjouis de faire face à une crête qui s'élève vers le ciel avant de s'abattre devant moi. Chaque onde est une rencontre, soudaine et incertaine, dont on ne connaît pas l'issue, une question en suspens qui ne peut laisser indifférent. Bien sûr, il est impossible de se remémorer tous les moments d'ivresse passés dans l'eau, mais ceux qui demeurent tiennent une place impérissable dans la mémoire de l'homme-poisson qu'est le surfeur.

Ce fut le cas de la première fois où j'entrai dans le ventre que forme parfois la vague en s'enroulant. Je ne maîtrisais pas la technique qui permet de s'y glisser subrepticement, et ce fut par hasard que je me retrouvai soudain à l'intérieur du tube, lieu hypnotique où le temps et l'espace semblent confondus. L'image qui me revient souvent est associée à une sensation indescriptible, mélange de flottement et d'effacement. Je ne sus à cet instant si j'étais sous l'eau ou hors de l'eau, si je rêvais ou si j'étais mort. C'était irréel, absolument irréel, et ce n'est qu'en sortant de la vague que je pris conscience que j'y étais entré. Je ne me souviens pas quelle fut ma réaction d'alors. Peut-être ai-je hurlé de bonheur, peut-être me suis-je tu et ai-je pleuré de joie. Ce dont je me souviens en revanche, c'est que c'était indiciblement beau.

Quand le surfeur décide de s'élancer, il lui faut moins d'une seconde pour se mettre debout sur sa planche. Le mouvement est quasi imperceptible, tout va trop vite. Il lui est impossible de décomposer en pensée les gestes qu'il lui faut réaliser.

S'il y pense, il tombe. Il doit agir instantanément et se laisser porter par les réflexes de l'instinct. Lorsque l'onde se lève et qu'il se trouve sur sa pente, il est comme électrisé, il vole, il disparaît. Les mots manquent pour décrire les impressions qui l'étreignent alors. Tout se passe en quelques secondes, et pourtant chaque seconde est une éternité. Il s'agit d'une expérience unique, si troublante qu'elle confine à la transcendance.

J'ai découvert graduellement ces sensations prodigieuses. L'adaptation fut lente et difficile. Ce n'est que bien après mes premières expériences dans l'écume que j'entrevis quelles étaient les possibilités du surf. On n'aborde pas de la même manière la houle de la mer du Nord et la houle du Pacifique, de même que les appuis sur les pieds sont plus ou moins marqués, les courbes plus larges, la planche plus longue, les repères différents selon le type de vague qu'on aborde. La taille de la lame n'est pas un critère de choix à mes yeux. J'aime surfer et voilà tout. Qu'une vague m'arrive au bassin ou qu'elle soit bien plus haute que moi m'importe peu : je me sens plongé dans la même dimension océanique. Seules les sensations changent. Sur une vague plus grande, plus puissante, l'émotion est plus forte. C'est une fois debout sur son surf, quand vient le moment de descendre, qu'on mesure réellement la hauteur de la masse en déplacement. L'instant fugace entre lequel on s'élance depuis la cime d'écume et celui où l'on effectue le virage qui permettra de remonter vers la crête est un indicateur encore plus précis. Je fus subjugué la première fois que je vis devant moi une longue piste d'eau. Je glissai sur une vague qui me parut gigantesque et j'eus l'impression de descendre une montagne, une montagne en mouvement. C'est d'ailleurs une caractéristique que n'offre aucune autre pratique sportive : la surface sur laquelle on se déplace est mouvante. Le skieur, certes, est lui aussi en mouvement sur le flanc d'une montagne, il éprouve la sensation exceptionnelle de la glisse. Mais le surfeur, lui, se meut sur une surface qui elle-même ondoie en permanence. Une double glisse en quelque sorte, un mouvement dans le mouvement.

Quelques mois après la naissance, encouragés par des parents convertis, certains apprivoisent les vagues avant même de pouvoir marcher. Un baptême en somme. Une expérience qui ne se renouvelle réellement que bien plus tard, lorsque mieux armé l'enfant revient par lui-même affronter les premières mousses sous l'œil vigilant des parents. C'est le temps du jeu et des rires, des larmes et des petites frayeurs. Il faut garder son équilibre, résister au courant. Plonger au bon moment et retenir sa respiration au milieu des remous. Grimper sur sa planche, puis ramer jusqu'à bout de souffle pour se faire emporter par l'écume. La glissade paraît alors interminable ou au contraire trop courte, mais lorsque le mouvement s'arrête et que l'onde vient sécher sur le sable, l'enfant qui se relève électrisé de bonheur n'a qu'une envie : celle de repartir vers le large. De l'eau jusqu'aux genoux, il avance ahanant, titubant, ivre des énergies qu'il vient de recevoir, grisé de joie et d'excitation, prêt à tout refaire, à tout recommencer, pourvu qu'il vive à nouveau cette sensation qui l'exalte.

À mesure qu'il répète les mêmes gestes et les mêmes erreurs, son jugement s'affine, les réflexes et l'instinct se développent, il fait l'apprentissage d'une technique qui le conduit à plus d'assurance et de succès. La chute néanmoins reste inévitable. Aujourd'hui et pour toujours elle l'accompagne, elle est son meilleur maître et lui apporte le meilleur des enseignements. Car les vagues, bien que semblables, ne sont en aucun cas identiques. Apprendre à les dompter est un exercice répétitif et une école de persévérance auxquels le novice se plie en chutant, chutant et chutant encore, jusqu'à ce que de colère ou de guerre lasse il revienne sur le sable. Furieux, il jette sa planche avant de traverser la plage en courant pour se réfugier dans des bras protecteurs, réclamant un câlin, un biscuit ou quelques mots de réconfort. Il apprend ainsi, par paliers, à travers ses désillusions et ses réussites, à surmonter seul les obstacles de la vie. L'armure mentale remise à neuf, il repart d'une moue boudeuse vers l'horizon, relève la tête, puis, le regard planté dans l'écume, de nouveau il se jette à l'eau.

Pour les autres — ceux dont les parents n'ont pas inscrit le surf au patrimoine génétique de leur bambin —, tout reste à faire. La porte qu'ils poussent par hasard s'ouvre sur un monde inconnu. Ils y entrent timidement ou franchement, selon les tempéraments et les occasions, souvent à une époque de leur vie où la bulle de l'enfance éclate à la piqûre des autres. On utilise la vieille planche à voile d'un oncle, on emprunte la planche de surf d'un ami déjà initié. Ou, persuadé de s'être déjà découvert une vocation, on décide sur un coup de tête d'acheter la sienne. Enclin au mimétisme, animé du besoin d'assimilation ou de celui d'épater les filles, l'adolescent prend les vagues avec les autres et pour les autres. Ce n'est que plus tard qu'on commence à surfer pour soi.

Mais encore faut-il vivre à proximité du rivage pour que germe la graine de la passion. Le surfeur, otage de la géographie, ne dispose pas des mêmes facilités qu'un joueur de football ou de tennis. On ne fait pas déferler une vague comme on construit un terrain de jeu. Pour s'adonner au surf, il faut se rapprocher des côtes et s'accorder du temps. Dans les pays d'Europe, petits et peuplés, le bord de mer est un espace convoité. Les places sont rares, donc chères. Beaucoup ne connaissent que très tard ou jamais l'air du large, l'odeur de varech, d'iode et de sel, la lumière du rivage qui crépite à la tombée du jour. D'autres parviennent

à trouver, ne serait-ce que le temps du cham-
bardement estival, leur étroit périmètre de sable
blanc, bastion de quiétude qu'ils préservent de
la marée montante, des jeux des enfants et de la
pisse des chiens. Ce sont les vacances d'été, qu'on
veut émailler d'expériences, ce moment unique
qui permet de concrétiser les velléités qu'on traîne
avec soi, comme l'idée vague mais persistante de
prendre un cours de surf…

Les raisons qui conduisent à la première leçon
sont parfois plus des prétextes que de véritables
motivations : rencontrer un charmant moniteur,
nourrir son besoin de reconnaissance, s'imaginer
sur une plage bordée de cocotiers ou se sculp-
ter un corps de rêve… La première expérience
dans les vagues reste souvent la seule. Trop difficile, trop violent, trop froid. Loin des houles
régulières, des sourires séducteurs et de l'eau
à 30 °C, la réalité vient mettre un point final au
mirage du surf paillette. Au mieux on se mettra
debout sur une grande planche en mousse et on
aura réussi son pari. Au pire l'océan se fera lac
ou servira son cocktail de malchance, fait de
pluie, de crachin et de vent. On attendra transi

dans une combinaison trop grande que l'heure s'écoule en rêvant d'une douche brûlante, tandis que s'évapore l'imagerie tropicale.

Pratiquer le surf, c'est être tributaire des éléments extérieurs, compter avec les caprices du temps. On ne décide pas d'aller surfer comme on se donne rendez-vous au gymnase. Les vagues ne se commandent pas, la nature dicte ses lois et l'homme abdique face à elle, ou s'y adapte. Ceux qui l'ont compris n'ont que faire du simulacre commercial, du fétichisme vestimentaire ou de la mauvaise météo. Ils savent qu'au-delà du corps, au-delà de la pensée et des mots, un lien infrangible et primitif les unit à l'élément liquide. Une sorte d'alchimie entre l'homme et la vague qui inexorablement encourage à y revenir. La nostalgie s'installe vite sur les souvenirs d'écume. Piqué par l'obsession, prisonnier de la distance, on compulse les magazines, surfe des vagues géantes sur Internet, on trépigne à l'idée de repartir. De néophyte dilettante on devient néophyte passionné, multipliant les pérégrinations sur la grève jusqu'à entrer en confidence avec les paysages et connaître ces endroits

reculés appelés *secret spots*, lieux secrets – presque
sacrés – jalousement défendus par les locaux.
Lorsqu'on parvient à créer une brèche dans le
cercle fermé des surfeurs territoriaux, on s'aper-
çoit que partager les vagues c'est aussi partager
des moments d'une rare intensité, où l'on se voit
comme on est, dans son intimité. Le surf est
un liant ; l'amitié vient en glissant, scellée par un
commun émerveillement.

Plus longtemps on se tient sur la planche, plus
vite la méfiance et l'écume se dissipent ; la vague
devient plus longue, plus creuse, et l'émotion plus
profonde. Après chaque session, on se sent apaisé,
insouciant, libéré de toutes contraintes, lavé des
scories de la vie quotidienne. Rentré chez soi
on claque la porte, avec déjà l'envie de repartir.
L'attrait du surf et du rivage devient autoritaire. À
la première occasion, c'est décidé, on déménage.
Plus question d'attendre l'été et la marée humaine
pour venir s'échouer sur la plage au milieu de
la foule. On laissera passer la haute saison pour
revenir après l'ivresse des beaux jours, marcher le
long d'un front de mer à la gueule de bois. Dans
les matins frais quelques badauds promèneront

leur chien, une brise venue des terres remplira l'espace d'une odeur de lisier ; ce sera septembre ; les vacanciers partis, les vagues seront enfin là, tapissant de leur spume le sable fatigué.

Je m'en souviens tel un tableau qu'on encadre. C'est à l'automne, plein de fierté et d'impatience, que pour la première fois je me jetai à l'eau. Comme tout adolescent, j'étais hésitant. La décision de casser ma tirelire ne fut pas facile, et le choix de LA bonne planche encore moins. Il n'y a pas si longtemps, lorsque le magasin de surf ne s'appelait pas encore *surf-shop* et qu'il était aussi rare qu'une quincaillerie aujourd'hui, les choses étaient simples. On ne se posait pas de questions ou alors on s'en posait trois : la petite planche, la grande ou l'inter-médiaire ? Le *longboard* prendrait trop de place dans la voiture. Restait donc les deux autres, en face desquelles on demeurait perplexe pendant les longues minutes d'un examen méticuleux, entre-coupé de palpations et de silences. Par sécurité, par inexpérience aussi, on choisissait la planche intermédiaire, assez stable pour qu'on puisse se redresser et assez maniable pour qu'on parvienne à effectuer ses premiers virages. De retour, le sourire aux lèvres, on contemplait béatement la planche, se voyant déjà descendre à toute allure d'immenses murs d'eau, glissant avec aisance au cœur d'une vague lisse et creuse. On s'imaginait hawaïen ou australien, marchant sur de longues plages léchées par le ressac d'une mer chaude couleur d'azur.

Aujourd'hui, les évolutions et les « croisements » réalisés à partir des premiers formats ont engendré une abondante descendance. Les modèles et les gammes ont proliféré, tout comme le nombre d'adeptes. Un phénomène à l'origine d'une tendance nouvelle, celle du sur-mesure. Depuis quelques années, la facilité d'accès aux matériaux et aux techniques de fabrication a conduit de plus en plus d'amateurs à se lancer dans la réalisation de leur propre planche. Nouveau passe-temps, simple curiosité, volonté de mieux adapter ses exigences à un style ou un type de vague, activité lucrative : nombre de surfs sont désormais fabriqués par des artisans autodidactes, les *shapers*. Mais on ne confectionne pas une planche comme on cuisine une tarte aux pommes : la recette ne suffit pas. C'est un travail de longue haleine, exigeant patience, rigueur et savoir-faire. Le *shaper* traque les millimètres, évalue les innombrables imbrications entre longueur, largeur et épaisseur. Dans sa quête du juste équilibre, de l'équation parfaite, il cherche les cotes les mieux adaptées, se familiarise avec les rudiments de la chimie, afin de faire la différence entre les couples polyuréthane-polyester et polystyrène-époxy. Une union croisée entre ces derniers a des conséquences désastreuses sur le matériel. Autre contrainte qui vient s'ajouter à celles de l'arithmétique et de la chimie : la nomenclature anglo-saxonne. Les centimètres se transforment en pouces, on ne parle pas de forme mais d'*outline*, de courbe mais de *rocker* ; l'arrière de la planche est désigné par le mot *tail*, tandis que l'avant est le *nose*. Toutes ces notions une fois surmontées, subsiste de toute façon l'impossible dilemme entre vitesse et maniabilité pour se rendre compte que la planche idéale, finalement, n'existe pas.

La technicisation poussée à outrance reflète l'évolution significative du surf vers une quête de la performance. Le mariage entre compétition et marketing conduit les professionnels à traquer les millimètres superflus comme ils font la chasse aux points lors des séries de qualification, la plus petite différence dans les dimensions ayant une incidence sur la vitesse, la manœuvrabilité, le contrôle, la réactivité ou le potentiel d'accélération, donc sur la victoire. Esclaves du succès et de leur image, les meilleurs surfeurs deviennent des fantasmes de perfection, des modèles factices pour les néophytes rêveurs qui croient pouvoir imiter les prouesses de leurs idoles en possédant le même matériel qu'eux. Mais la meilleure planche du monde ne saurait remplacer l'expérience ni l'instinct, qui ne se développent qu'au contact des éléments. Se jeter à l'eau son surf sous le bras est d'abord une quête vers la simplicité et la liberté ; vouloir d'emblée s'imposer trop d'exigences revient à risquer de porter atteinte à l'essence même de cette pratique. C'est oublier qu'il n'y a pas cent ans les planches étaient taillées dans des troncs. On ne parlait pas alors de vitesse, de maniabilité ou d'accélération. La glisse n'était pas si longue, ni si rapide ni si impressionnante, mais elle était d'une pureté absolue, d'une intensité qui n'existe plus ou presque : étouffée par le jugement des autres et l'obsession du résultat.

Ce n'est qu'au terme de ces tergiversations autour des proportions idéales que l'objet convoité revêt enfin aux yeux de son propriétaire un caractère moins prosaïque. Par le biais d'une étrange alchimie, l'arithmétique se convertit alors en une relation affective presque charnelle, qui mêle les figures de l'enfant chéri, de la mère et de la femme idéale. Bien sûr, on ne verra jamais inscrit « à la seule, l'unique » sous la résine d'une planche de surf ! C'est néanmoins un attachement vétilleux qui lie le surfeur à celle qui le porte, mieux, le transporte vers d'autres dimensions. Une représentation intime, sentimentale pourrait-on dire, concède à la planche une puissance presque magique, qui n'est pas sans rappeler le tapis volant des *Mille et Une Nuits*, capable d'entraîner celui qui le chevauche par-delà les lois de la gravité.

Je ne me suis pourtant jamais pris pour Aladin. Pas plus que je n'ai su, jeune surfeur néophyte, comprendre ce qui m'enivrait. Ni le mauvais temps, ni la distance, ni la lente progression des débuts n'ont pu me décourager. J'étais prêt à tout pour quelques instants de transe sur les chemins d'écume. Parfois jusqu'à mentir, une combinaison Néoprène dans mon cartable et ma planche cachée dans les troènes du jardin. Lorsque la houle était annoncée, je me précipitais à l'eau entre deux heures de cours, me levais aux aurores même le dimanche et oubliais l'heure du repas. J'avais goûté aux sensations fortes, et c'était assez pour pressentir celles que m'offrirait une pratique plus poussée.

Aux abords de la plage, mon imagination frémissait. La vision d'un océan strié d'ondes régulières balayait continuellement mes pensées. Mais la météorologie n'est pas une science exacte : à mesure que je m'approchais de la côte l'incertitude grandissait, car je savais que de mauvaises conditions démentaient parfois des prévisions favorables. J'employais toute mon acuité à déchiffrer les signes quasi imperceptibles du temps, comme la fine brume de bord de mer ou le grondement lointain annonciateurs d'une houle consistante. Combien de fois ai-je exulté trop tôt, me heurtant à la désillusion en découvrant en lieu et place de l'onde tant attendue, une mer aussi calme qu'un lac ! Comprenant que les vagues ne sont pas un processus systématique mais le jeu du hasard et des rencontres entre les forces climatiques, j'appris à tempérer mon zèle, à maîtriser mon exaltation. Face à l'imprédictible, je progressai vers la sagesse.

Et pourtant ! Qu'en reste-t-il, de cette sagesse, lorsque, aux abords du rivage, je me sens inéluctablement aimanté par l'océan ? L'air est plus humide, chargé d'iode et de sel. Je bifurque vers la plage par une sente sablonneuse. L'attente me rend nerveux, comme chaque fois. Empressé de découvrir l'horizon comme on déballe un cadeau, je me contiens, fébrile, bouillonnant d'impatience. J'ai envie de courir, de me précipiter en haut de la dune qui dévoilera son panorama et me libérera du doute. La plage apparaît, mon regard inquiet peigne la longue étendue de sable, la mer est d'huile, le vent muet. Seul un léger souffle venant de la terre caresse la pointe des oyats qui fléchissent dans une chorégraphie confuse. Je redoute le verdict, mon regard glisse encore jusqu'à la zone de déferlement des vagues. L'instant reste suspendu, mon corps immobile. De longues ondes sombres se déplacent à intervalles réguliers avant de se briser en un point et de dérouler, dans une exactitude presque mécanique, en une diagonale lisse et parfaitement curviligne. L'œil fixe, le regard médusé, je suis électrisé par cette vision hypnotique. Tout en moi s'efface. Au grand vide succède un grand plein. Délesté de toute tension, je brûle d'une énergie débordante et m'affaire en paix à exécuter les préparatifs rituels.

Le thé chaud fume dans l'obscurité matinale. Je serre le gobelet d'une bouteille isotherme puis le porte à mes lèvres. Quelques gorgées de réconfort se propagent à mon corps tout entier. Je m'apprête à quitter le confortable pull de laine qui me protège du froid. Le mercure affiche 7 °C ; la température de l'eau ne grimpe pas beaucoup plus haut.

Tout commence avec la combinaison en Néoprène, indispensable sous nos latitudes. De 3 millimètres en été, elle double pratiquement d'épaisseur durant l'hiver. Pendant les jours les plus courts de l'année, lorsque la température chute, les chaussons et les gants deviennent eux aussi indispensables contre l'onglée. Le caoutchouc ne permet pas une grande liberté de mouvement, si bien que lorsqu'on n'en a pas l'habitude, revêtir ce

carcan représente une astreinte dont on préfé-
rerait s'affranchir. Avec le temps et l'expérience,
l'inconfort se dissipe. Le préliminaire contrai-
gnant devient un rituel auquel on s'attache et la
combinaison une véritable seconde peau. D'aucuns
y voient même un moyen de canaliser leur excitation, un temps de calme et de concentration,
une sorte de sas mental entre la vision exaltante
d'une série de vagues et le moment de s'élancer
au milieu du grondement sourd et spumeux.

J'enfile consciencieusement ma protection
contre l'hypothermie. Dans un cérémonial que
je connais bien, je mesure chaque geste comme
si j'entrais en méditation. Une préparation indispensable pour pouvoir appréhender sereinement
ce qui succédera. Tel le boxeur à qui l'on ajuste les
gants avant sa montée sur le ring, l'apnéiste faisant
le vide en soi avant sa plongée ou le parachutiste
avant son saut, le surfeur se détache du corps pour
que son esprit visualise chaque couleur, chaque
mouvement, chaque son, convertissant ainsi le
désordre en une harmonie rassurante.

Vient ensuite la méticuleuse application de
la *wax*, mélange de paraffine et de cire d'abeille,

parfumée de senteurs tropicales. Elle invite ceux qui grelottent sous un ciel de neige à rêver d'eaux claires et de sable chaud. Cruelle compensation ! Elle s'applique sur le dessus de la planche, afin d'optimiser l'adhérence des pieds. Sans cela, le surf « nu » deviendrait aussi glissant qu'une planche savonneuse. Le passage méthodique du pain de *wax* est indispensable. Plus encore, il cristallise, comme l'enfilage de la combinaison, le moment de concentration qui précède la glisse. Cette ultime tâche accomplie, le surfeur est enfin prêt. L'immersion de l'esprit a préparé celle du corps et converti l'énergie du désordre et de l'empressement en une intense force vitale.

Une question subsiste cependant : celle du *leash*. Ce lien extensible qui relie l'homme à son surf est considéré dans la plupart des cas comme un élément primordial de sécurité. Il permet non seulement de retenir la planche, mais aussi de ne pas avoir à nager jusqu'au sable en cas de chute. Néanmoins son utilisation reste controversée par les plus expérimentés, qui y voient une entrave, voire un danger. Lorsque les vagues déferlent sur la roche ou le corail il existe en effet un risque, rare certes, mais bien réel, de rester accroché et maintenu sous la surface. Si le surfeur ne parvient pas à se libérer rapidement du velcro qui lui maintient la cheville, les conséquences peuvent être dramatiques. C'est ce qui arriva vraisemblablement au surfeur professionnel Mark Foo sur une des vagues géantes de Mavericks, au nord de la Californie. Retenu sous l'eau trop longtemps, son corps était sans vie lorsqu'il remonta à la surface. Un autre danger inhérent au port du *leash* est lié à la tension extrême qui s'exerce lorsque la planche se fait emporter par la vague. Le lien en caoutchouc peut devenir aussi tranchant qu'un fil à couper le beurre, ou, dans un mauvais concours de circonstances, s'enrouler autour du corps avec l'efficacité d'une corde d'étranglement. Mais la menace la plus fréquente reste l'effet boomerang. Le *leash* qui retient la planche menace sous l'effet de son élasticité de la faire subitement revenir au visage du surfeur qui réapparaît hors de l'eau. Qui a déjà joué au Jokari comprendra la situation… À ceci près que ce n'est pas une balle de caoutchouc qui risque alors de frapper à la tête, mais les dérives ou les extrémités saillantes de la planche.

Le lien est par ailleurs considéré par certains comme un frein à la sensation de liberté. Une raison idéologique enracinée dans les origines du surf, selon laquelle se mesurer à l'océan constitue un défi et un acte de bravoure, qui a pour seule légitimité la force et le courage de celui qui s'y engage. Ces principes sont désormais perçus comme désuets, mais ils supposaient une condition physique exemplaire. Aujourd'hui, les puristes déplorent la trop grande confiance qu'accordent les surfeurs à leur flotteur. Ils mettent en garde ceux qui se délestent de l'exigence physique contre le risque de se trouver un jour au milieu d'une baïne ou d'une série de grosses vagues sans parvenir à rejoindre la plage.

Les risques inhérents à la glisse sont légion. Il est cependant une chose que l'expérience m'a apprise : en surf comme en navigation, le plus grand danger n'est pas l'océan mais la côte. Les stigmates que porte mon corps — en particulier mes jambes — témoignent de contacts brutaux et répétés avec des fonds laviques ou coralliens, pièges sous-marins qui ne sont parfois immergés qu'à quelques centimètres sous la surface.

Pour cette raison, il est beaucoup moins dangereux de chuter d'une vague de 2 mètres qui déferle au large que d'une vague de 50 centimètres qui s'échoue sur le sable. Il m'est arrivé de devoir sortir précipitamment de l'eau à la suite de la douleur à la nuque ou au dos qu'avait provoquée une collision avec le sol. La proximité du rivage est trompeuse. Lorsqu'on a pied on se croit à l'abri, hors de danger, alors que c'est en réalité tout le contraire. Tous les surfeurs, même les plus expérimentés, commettent cette erreur. Ce fut le cas d'un ami qui, un jour, retrouvant le sable après avoir surfé au large, baissa sa garde. Il avait passé un moment mémorable. Repu d'ivresse, insouciant, il affichait un large sourire, comblé. Il prit une dernière vague sur le bord et fit une mauvaise chute. Il est aujourd'hui paraplégique.

Combien de fois ai-je surestimé mes capacités ou, faute plus grave encore, sous-estimé la force de l'océan ? Bien souvent je me suis retrouvé au large, emmené par des courants marins contre lesquels je ne pouvais rien. C'est au prix de longs efforts, en contournant la zone dans laquelle je m'étais laissé surprendre, que je pus enfin rejoindre la terre ferme. Le dénouement fut toujours heureux et la rançon de mes imprudences n'a pas, jusqu'à présent, excédé la grosse frayeur.

Il me fallut vivre d'autres expériences, plus périlleuses encore, pour comprendre qu'au royaume des flots, nul n'est jamais le maître. Que la vie n'y est qu'un frêle esquif prêt à sombrer si l'on n'y prend garde. Certaines peurs, heureusement, restent gravées à vie dans ma mémoire, comme ce matin languide où j'embrassai du bout des lèvres mes derniers instants. Tandis que j'essayais de franchir une série de grosses vagues, ma planche me fut arrachée des mains par la mer et mon *leash* céda. Je me retrouvai aussitôt plaqué sur le fond dans la zone d'impact où les murs d'eau s'écroulaient les uns après les autres. Je cherchai à revenir vers la côte à la nage, mais les vagues contraires que renvoyait la rive m'interdisaient le retour. Je restai ainsi, impuissant et seul dans les déflagrations d'écume. Mon ventre progressivement se gonflait d'eau, je m'épuisais lentement, essayant vainement de rester en surface. Un temps interminable s'écoula, au cours duquel je perdis petit à petit espoir d'échapper à mon sort. J'étais à quelques mètres du bord et je me noyais. Ce n'est que grâce à un sursaut ultime et désespéré que je parvins à revenir sur la plage, épuisé mais en vie. Tout mon être tremblait, mon cœur martelait ma poitrine. Hagard, je me souviens d'avoir cherché quelque chose. Me traînant un peu plus haut sur la rive, je me penchai sur une pousse d'herbe improbable qui triomphait au milieu de l'étendue sablonneuse, exaltant la grandeur du vivant. Je jubilai d'être de nouveau terrien…

Le surf, faut-il le rappeler, est un sport extrême, ce qui signifie qu'il peut exposer celui qui le pratique à des blessures graves en cas d'erreur. C'est une activité brutale qui sollicite sans relâche les muscles et les articulations. Il est donc indispensable de se mettre en condition. Quel que soit le degré d'expérience, non-initié ou surfeur aguerri, la préparation physique reste primordiale. Les mouvements de bras et d'épaules préparent à la rame. Les étirements préviennent d'éventuelles contractures et douleurs dorsales. Les foulées et assouplissements diminuent les risques de crampes. Nombreux sont ceux qui s'inspirent des exercices de relaxation qu'offre la pratique du yoga, idéale pour améliorer la respiration et la maîtrise de soi. Tomber dans le bouillonnement d'une vague revient à se retrouver coincé dans une essoreuse sans avoir la possibilité d'en sortir. Emporté par la dynamique de l'onde qui s'écrase, le surfeur ne ressort que plus loin, plus tard, et les secondes passées sous l'eau lui paraissent interminables. Son corps, désarticulé, suit l'incontrôlable mouvement du courant qui l'entraîne. Bousculé en tous sens, il doit malgré tout garder son sang-froid et compter sur ses capacités apnéiques pour refaire surface. Des risques auxquels s'ajoute celui de l'hypothermie en eau froide ou, plus sournoise, l'insolation que dissimule la fraîcheur de l'eau.

Il n'y a pas de soleil en ce matin d'hiver. Mordu par le froid autant que par l'euphorie, je m'avance sur la plage déserte. Je me sens libre. Absolument. Libre de toute pensée, de tout jugement. Libre de ces regards qui transforment parfois les jeunes surfeurs en de véritables m'as-tu-vu. Personne n'ignore ce stéréotype de l'éphèbe à la peau de cuivre, à l'échine cambrée et au pectoral bombé,

habillé d'un short trop large que retient la roton-
dité d'un fessier à demi-découvert, les mèches
délavées et plaquées sur le front sous des lunettes
à l'obscurité impénétrable. Il arbore un tatouage
polynésien au mollet ou un motif tribal dans la
nuque, et cherche la singularité dans le paradoxe
mimétique de la mode. Son arrogance habite une
personnalité ronflante, dédiée à la parade sur
des plages bondées. Le surfeur-frimeur en fait
beaucoup trop, mais pas assez pour dissimuler
ses compétences factices.

Bien sûr, il n'est pas légitime de transformer
un cliché en généralité. Chacun aborde le surf à sa
manière, selon ses priorités et ses convictions : en
dilettante, en forcené, en esthète, en mystique,
en passionné, en professionnel ; il existe autant de
profils que d'individus. Pourtant, si l'on ne peut
véritablement parler de surfeur modèle, on ne
peut pas non plus ignorer l'existence d'un surfeur
modelé, fruit de la collaboration entre mode et
compétition. Heureusement, certains esprits
et certains lieux sont préservés de l'ascendant
du *surf business*. On n'y éprouve pas le besoin de
s'accoutrer de tenues à la mode, de se faire valoir

aux yeux de groupies falotes et de se mesurer aux autres, seules comptent les valeurs initiales de la discipline : des vagues, une planche et rien d'autre.

Loin de l'agglutinement du bord de mer, des allées de parasols et de serviettes de plage, des surfeurs authentiques, sortes d'anachorètes contemporains, s'accordent quotidiennement avec l'éphémère vérité du monde. Ils ne sont pourtant ni mystiques, ni misanthropes ; simplement épris d'un puissant besoin de liberté dont ils ont parfois suivi l'appel sans s'en rendre compte. Ces surfeurs dans l'âme, on les surnomme *Soul Surfers*. Ils explorent la facette imperceptible de la discipline, rêvant de la précieuse équation entre l'homme et l'élément, celle qui poussait Duke Kahanamoku, pionnier du surf hawaïen, à s'élancer sur des murs d'eau colossaux muni d'une antique planche d'acacia. Pour eux, la glisse n'est ni un vecteur d'esbroufe ni un enchaînement de manœuvres spectaculaires, mais un art de vivre, une philosophie. Ils y voient même parfois une croyance apparentée à l'animisme, dans laquelle les éléments naturels — en particulier l'océan — sont dotés d'une force vitale.

En quête de spiritualité et de simplicité, le *Soul Surfer* cherche l'unité parfaite avec la vague. Peu importent les moyens qui l'y conduisent, peu importent la planche, le lieu ou la façon de surfer, vivre l'essence même de cette expérience singulière est avant tout une question d'état d'esprit.

Les *Soul Surfers* sont rares; on les rencontre peu puisqu'ils se trouvent là où nul autre ne va. Je les ai côtoyés pour la première fois sur les côtes désertiques du sud du Mexique. Je me souviens de David, Canadien extravagant et étonnamment volubile, qui ne pouvait camoufler derrière sa faconde une spiritualité et une sensibilité manifestes. Il vivait seul dans une cabane en bois à peine plus grande qu'un abri de jardin, dans laquelle il ne dormait d'ailleurs pas, se contentant d'un hamac qu'il tendait entre deux manguiers le soir venu. Il se nourrissait principalement du poisson qu'il pêchait et des fruits qu'il cultivait, chérissant au plus haut point un plant de tomates qu'il avait vu pousser et éprouvant de réels scrupules à devoir les cueillir, tout comme les mangues qu'il considérait un long instant avant de les peler avec gravité.

Lorsque l'océan amenait la houle, il se levait avant le chant du coq et parcourait plusieurs kilomètres dans l'aube en direction de la plage. Il surfait peu, du moins d'un point de vue temporel. Car je crois que l'intensité qui le transperçait dans ces moments où il était seul était tout autre que celle que ressentaient les surfeurs qui arrivaient ensuite en grappes, lorsque le soleil se décollait de l'horizon et que la surface commençait à frissonner sous la caresse du vent. C'était du reste pour David le moment de partir, indifférent aux vagues qui déroulaient encore. Le surf, célébration confidentielle, introduisait une forme de dialogue entre son intériorité et l'équilibre du monde, que seule l'intimité offerte par la lumière voilée qu'esquisse le matin pouvait lui permettre d'établir sans risquer de heurter sa pudeur.

Autre lieu, autre rivage, autre personnage. Surfeur de l'âme, surfeur puriste, homme monument, je le croisai au pied d'une falaise qu'il fallait escalader avant de rejoindre la plage. Immobile sur son éperon rocheux, raide comme un totem, il balayait de son regard insondable l'étendue creusée par une houle longue et puissante, née des

hautes latitudes dans les rugissements de l'océan
Austral. Sa stature et son corps mordu par le
sel, tanné par trop de soleil, empêchaient de lui
donner un âge. On aurait presque pu voir pousser
sur sa peau mi-cuit mi-écaille des balanes — ces
crustacés qui se fixent au dos des cétacés — tant il
semblait imprégné du monde océanique. Sa pré-
sence était d'une incroyable densité ; elle dégageait
à la fois une immense quiétude et une vitalité
colossale qui m'intimidaient au point que je le
saluai à peine. Ce n'est que plus tard, lorsque je
le croisai à nouveau que je m'adressai à lui, vêtu
du silence et de la réserve qu'on porte sur soi
lorsqu'on entre en un lieu sacré. Parti d'Hawaii,
il avait parcouru quelques milliers de milles sur
un voilier en bois pour venir trouver les houles
du Sud qui s'écrasaient en cette saison sur les
plages du Mexique. Comme David, il vivait seul
ou presque, puisqu'il partageait l'espace restreint
de son bateau avec une dizaine de planches, qui lui
servaient aussi bien d'annexe que de table à carte.

Cette côte escarpée et sauvage où il était venu
accoster après de longs jours de mer, il ne l'avait
pas choisie au hasard. Elle était son reflet fidèle :

à la fois hostile et captivante. Entre de hauts à-pics rocheux, une large rivière avait creusé une fracture qui s'était élargie, sous le jeu de l'érosion, en une longue grève enclavée. Depuis des millénaires, le mouvement des eaux avait émoussé la pierre jusqu'à la réduire en galets, que d'autres millénaires avaient polis à leur tour et pulvérisés en sable. Depuis des temps immémoriaux, des générations d'oiseaux se succédaient au rythme du jour et de la nuit sans aucune prescience du lendemain : battements de vie qui font les pulsations de la terre. Alors que des aigrettes à l'affût, postées sur l'ourlet de la rive, becquetaient dans le ressac poissons et insectes aquatiques, des vautours, habillés en croque-morts de basse-cour, se délectaient des yeux globuleux d'un cadavre de diodon. Une formation de pélicans surfait sur les déplacements d'air générés par les longs trains de houle, frôlant des ailes les lignes de crêtes avant de s'élever au-dessus d'un banc de poissons et de se laisser tomber en piqué dans un grand bruit de plumes. Quelques frégates, mal fichues pour la mer, devaient comme à leur habitude harceler un plus petit que soi, pour obtenir du bec d'une sterne une sardine fraîche. Plus au large, quand arrivait l'époque des courants et des migrations, on apercevait parfois des groupes de baleines grises expulser par leur évent un puissant souffle d'air avant de dresser au-dessus de la surface une imposante nageoire caudale qui disparaîtrait lentement vers les profondeurs. Le paysage tout entier était un hymne aux origines du monde, à l'inaltérable mouvement, invariablement répété depuis la sidérante apparition de la vie sur notre planète. Voir là cet homme s'accorder avec la plus grande justesse à l'équilibre du vivant me donnait la sublime impression que l'humanité n'avait jamais été une note discordante dans l'euphonie universelle.

C'est à la moelle du jour, lorsque tout était encore en place, qu'on percevait au mieux l'éblouissante quintessence du rivage. Entre deux masses d'eau se dessinait en ombre chinoise la minuscule silhouette d'un homme ballotté par les flots. Aux premières éclaboussures du soleil, l'Hawaiien emprunterait déjà le chemin du retour ; cela ne lui laissait que peu de temps, une heure tout au plus, pour aller au-devant de vagues massives et puissantes : trois étages qui se lèvent et s'écroulent brusquement dans un bruit de déflagration. L'exercice était risqué. Il fallait ramer au-delà de la zone d'impact en évitant les tonnes d'eau qui déferlaient, puis mobiliser toute son énergie et s'élancer du haut d'une crête au-devant d'une avalanche d'écume. L'exécution de la manœuvre devait être chirurgicale et la réactivité instantanée, la rupture brutale et uniforme de l'onde ne laissant aucune marge d'erreur. Dans ces conditions particulièrement inhospitalières, le surfeur ne prenait pas plus de quatre ou cinq vagues, mais quelles vagues ! Une pente vertigineuse qu'il dévalait à une vitesse insensée dans un style d'une pureté absolue. Il ne cherchait pas la manœuvre, de toute façon trop incertaine ; seul comptait en cet instant l'adrénaline, cette prise de conscience fugitive de l'insignifiance de l'existence. Lorsque nous nous rencontrions ensuite, il parlait des vagues comme d'un animal sauvage et indomptable, évoquait leur vivacité, leur caractère, leurs humeurs. Pour se mesurer à ces monstres d'eau, il portait sous le bras la planche longue et effilée qu'on appelle un *gun*.

L'homonymie évidente de l'arme à feu m'apparaissait tout à coup et je comprenais qui étaient réellement ceux qu'on appelle les chasseurs de vagues…

Les *Soul Surfers* et les chasseurs de vagues sont de la même veine. Ils ont été façonnés à l'usage du monde et du temps. Leur esprit épris d'absolu les pousse sans cesse à sillonner des espaces nouveaux et infréquentés. Ils ne se plient pas, ou mal, à l'uniformité, et pour cela aussi ils sont de moins en moins nombreux ou de plus en plus âgés. Leur mode de vie s'est édifié sur des préceptes aujourd'hui surannés. Les années 1960, elles, s'y prêtaient bien ; l'insouciance et l'anticonformisme étaient dans l'air du temps. La fameuse contre-culture qui venait abattre les usages d'une autre époque faisait écho à leur tempérament réfractaire.

C'est à cette période, en 1963, que Bruce Brown réalise *The Endless Summer*, film documentaire qui deviendra culte pour plusieurs générations et vulgarisera l'image du *Soul Surfer*. Dans leur quête de l'été sans fin, Mike Hynson, Robert Auguste et Miki Dora, principaux protagonistes du film, sillonnent le monde à la recherche de vagues vierges. De l'Australie à Hawaii en passant par Tahiti, la Nouvelle-Zélande ou l'Afrique, ils foulent en pionniers des lieux aujourd'hui mythiques. Dans les séquences clés du film, on admire en technicolor un Miki Dora funambule mener sa planche avec une agilité déconcertante au milieu d'une foule de surfeurs néophytes. On assiste à la rencontre poignante entre les chasseurs de vagues californiens et une population autochtone subjuguée de voir des hommes glisser sur les vagues comme s'ils marchaient sur l'eau. On les voit traverser à pied un désert puis dévaler des dunes sur leurs planches pour arriver enfin sur la côte et découvrir, émerveillés, les vagues du cap St. Francis, à l'extrémité méridionale du continent africain, si longues et si parfaites qu'elles semblent nées d'une mécanique.

Le ton est léger, la mise en scène parfois maladroite, mais l'esprit y est, loin de l'attitude arrogante et désinvolte qui pousse les néosurfeurs à débarquer sur les plages en pick-up. *The Endless Summer* reste sans doute le témoignage le plus authentique de ce que peut être l'humble complicité entre l'homme et la vague. Mais au fil des ans, victime de son succès, le film a fini par desservir l'esprit du surf aventureux dans lequel la confidentialité des déplacements, le respect des populations autochtones et la communion avec l'environnement étaient préservés. Les lieux inexplorés révélés au grand jour par Bruce Brown sont devenus quarante ans plus tard les grandes kermesses du surf professionnel, envahies entre deux compétitions par des aventuriers à carte bancaire, qui après un fast-food ou quelques achats compulsifs sous une enseigne internationale se jettent à l'eau pour une chasse aux images, trophées de leurs voyages.

Exit les vhs qu'on rangeait précieusement au fond de son tiroir. *Exit* le son délicieusement désuet des Beach Boys ou le *staccato* frénétique des guitares de Dick Dale, père de la *surf music* et inventeur du son de guitare saccadé qui la caractérise. Le *surf movie* comme la *surf music* se sont effondrés avec la *surf culture* des années 1960. L'esprit de liberté fut récupéré par Hollywood qui convertit un art de vivre en un stéréotype pour les masses. Sur fond de contestation et de libération des mœurs, les spécialistes en communication n'éprouvèrent aucun mal à transformer l'image non-conformiste du surf en un filon juteux, celui du *« Surf, sex and sun »*. De nombreux pionniers tel Miki Dora vécurent cette récupération commerciale comme une véritable trahison. Ne pouvant faire mieux que de la dénoncer, ils partirent se mettre à l'écart, laissant au marketing et à la foule les clés de leur paradis perdu.

« Il y a trois choses importantes dans la vie : le surf, le surf et… le surf. » Comme en témoigne cette formule très *West Coast* chère à Jack O'Neill (homme d'affaires et personnage charismatique dans le monde du surf), le *surf business* se suffit aujourd'hui à lui-même et n'a plus besoin ni du soleil ni du sexe pour conquérir de nouveaux marchés et séduire une clientèle déjà hétéroclite. Investissement, croissance, profit, nous sommes loin des locaux vétustes de la petite ville de Torquay, en Australie, dans lesquels se confectionnaient quelques vêtements artisanaux sur une vieille machine à coudre en attendant la houle. La production de masse a radicalement changé les comportements. Il suffit de constater quel statut revêt la sacro-sainte planche chez ceux qui ont grandi avec les réflexes du gaspillage pour s'en rendre compte. Auparavant, la relation qui unissait le surfeur à son esquif relevait parfois de la caricature… il l'aimait ! Aujourd'hui, ce dernier ne se donne même plus la peine de la rafistoler, ni de s'encombrer de modèles surannés et fatigués. La fidèle monture s'est vue reléguée au rang de bien de consommation ordinaire, tenant à peu de chose près la même place que le rasoir jetable. Les idéaux des surfeurs ont changé : autrefois, ils cherchaient à ne rien avoir pour mieux être ; désormais, ils rêvent de tout avoir pour être meilleur.

Une réalité grinçante qui heureusement ne fait pas autorité. Résumer le surf à une histoire de gros sous serait une caricature blessante pour ceux qui y voient un formidable vecteur de partage, d'intégration et de prise de conscience écologique. De nombreuses initiatives « surfistiques » se sont mises en place : qu'ils se dédient à la défense et la sauvegarde de l'océan et du littoral ou se proposent de sortir des adolescents de la délinquance ou de les aider à surmonter leur handicap, partout dans le monde des surfeurs impliqués tentent de favoriser la connaissance et la pratique de l'esprit de la glisse. Des démarches qui, au-delà du caractère vertueux, célèbrent l'humilité, l'abnégation et la persévérance : valeurs véritables à même de ressouder les liens flaccides entre l'homme et la nature mais aussi entre les hommes eux-mêmes.

Gardons à l'esprit que l'océan appartient à tous, et que parce qu'il appartient à tous il n'est la propriété d'aucun, pas même de ceux qui ont grandi avec lui. Il nous incombe d'apprendre à le respecter autant qu'à le défendre. Il y a cent ans nous étions un peu moins de 2 milliards. La planète compte aujourd'hui près de 7 milliards d'habitants. L'enjeu de demain ne sera pas la quête de la vague vierge et inaccessible, ni de la plus grosse vague jamais surfée. La course aux trophées et la vanité ne sont plus de notre temps. Le défi que nous devrons réaliser demain sera celui du respect et du partage. Apprécions sans jalousie ni arrogance ces moments précieux que nous devons passer ensemble. En entrant dans l'eau, en attendant la vague, ne nous économisons pas d'un salut, d'un sourire.

Au large, la houle se traîne, tel un condamné informé de son sort. Elle se déplace, lente et silencieuse, avant de venir s'écrouler sur la côte. Je m'avance sur le rivage, serein et concentré. L'écume vient mourir à mes pieds ; c'est la fin d'un long voyage. M'avançant jusqu'à la taille, je prends conscience que je suis relié sans obstacle, sans frontière, au grand magma bleu, cet hyper-ensemble de plusieurs milliards de kilomètres cubes. Un seul et même océan que l'homme a minutieusement découpé en mers, golfes, baies, détroits. Les chiffres impressionnent, la toponymie rassure. Elle a combattu les mythes, les monstres marins, les créatures imaginaires nées de *L'Odyssée* d'Homère ou des légendes de navigateurs. Elle a refoulé nos peurs ataviques, surgies d'une *mare incognita* à la cartographie fantasmatique. Le singe marin, la licorne de mer, le calamar géant, les sirènes, le Kraken ou le Léviathan ont capitulé devant l'océanographie. Nos données se sont précisées et nos connaissances élargies, laissant à l'imagination un petit coin poussiéreux dans un esprit hygiénique et bien rangé.

Qui sont les créatures fantastiques d'aujour-
d'hui ? Une vague scélérate parrainée par le
réchauffement climatique et un grand requin
blanc sponsorisé par Hollywood. Le respect pour
la nature s'est en partie institué par la crainte.
Quelles craintes pour les jeunes surfeurs des cli-
mats tempérés ? Pas de vagues géantes de bord de
mer, ni de grand blanc déboussolé pour canaliser
l'insolente insouciance, pour s'avancer lentement,
tête baissée, se signer ou embrasser un penden-
tif. Pas de rituel, de coutume, de religion ou de
superstition pour raccommoder nos mythes. Les
croyances ancestrales s'écroulent, arrachant dans
leur chute les dernières racines qui maintiennent
l'homme à la terre et le préservent de sa folie.

L'eau glacée s'infiltre insidieusement à travers la
couture de ma combinaison Néoprène. La température n'atteint pas 12 °C. Face aux barres d'écume,
il n'y a d'autre issue que de plonger, laisser passer le désordre, puis ressortir le souffle coupé
par le froid. La tête relevée, le regard nerveux, les
muscles se contractent, mais il faut avancer, ramer
de tout son suc, guettant la prochaine vague sous
laquelle on s'immergera à nouveau. La meilleure

façon de réussir sans risquer de se faire emporter ou arracher la planche des mains est d'effectuer la manœuvre dite du « canard ». Comme son nom l'indique, l'effet rendu sera semblable à celui de l'oiseau qui pour se nourrir plonge la tête sous l'eau en basculant son corps. Tout en ramant, il s'agit d'empoigner au moment opportun l'avant du surf, de s'enfoncer sous la surface avec une inclinaison suffisante, puis de rétablir son assiette en appuyant sur l'arrière à l'aide du pied. Question de pratique. En déferlant la vague suit un mouvement elliptique de la forme d'un rouleau. Placé au bon endroit le surfeur n'a qu'à diriger l'avant de sa planche vers le haut pour être entraîné par l'aspiration ascendante et se faire expulser. Une acrobatie hasardeuse au cours de laquelle garder les yeux ouverts est primordial. En visualisant l'espace, l'œil transmet des informations qui donnent aux gestes plus d'efficacité et à l'esprit une plus grande quiétude. Mais ouvrir les yeux sous le miroir de la surface c'est aussi découvrir une autre dimension, un univers envoûtant et hautement esthétique, un monde en mouvement qui fait naître de la vague qui s'enroule une incroyable chorégraphie.

Avant d'y parvenir, le non-initié doit s'accom-
moder de gorgées d'eau accidentelles et de
quelques pirouettes involontaires. Par ailleurs,
une planche trop longue et trop flottante exclut
cette technique d'escamotage, remplacée par un
lâcher-prise précipité suivi d'un nager-profond
énergique ! Même chose devant 3 mètres de parois
verticales où surfeurs débutants comme chevron-
nés sont logés à la même enseigne, en particulier
si le déferlement est plongeant, c'est-à-dire si la
crête de la vague est propulsée vers l'avant. La
force de l'impact est alors colossale. On évoque
une pression de 6 tonnes au mètre carré pour
des vagues de 3 mètres. Placé au mauvais endroit
au mauvais moment, le surfeur frappé par la
crête de la vague court le risque de se léser une
vertèbre ou de perdre connaissance. Dans de
telles conditions, la taille de la houle comme
les dangers et les sensations prennent d'autres
proportions. Le surf dépasse le simple cadre de
la pratique récréative pour devenir un défi, voire
une gageure, que motive le cocktail exaltant de
peur et d'excitation qu'est l'adrénaline, la drogue
du surfeur.

La taille des vagues reste relative en ce jour d'hiver et je n'ai pas à craindre de me briser les os. Je me trouve maintenant au-delà de la zone d'impact, le tumulte n'est plus qu'une rumeur, la surface se lisse et doucement mon corps se réchauffe. L'excitation qui m'envahissait a laissé place à une curieuse sensation de bien-être. Une impression de flottement, pas simplement du corps ou de l'esprit, mais du paysage tout entier. Comme si le déchaînement de bruit et de spume que je viens de traverser avait été la genèse du monde et que chaque élément qui compose cet ensemble retrouvait à présent sa place dans une harmonie invisible. Je rame en direction de l'endroit straté-gique, le point de rupture de l'onde, là d'où je dois m'élancer. Allongé sur ma planche, j'ai le sentiment de n'être qu'un point minuscule dans l'immensité qui remplit l'horizon. La côte n'est qu'à quelques dizaines de mètres mais paraît pourtant inacces-sible tant elle diffère de la réalité terrestre que je viens de quitter. La perspective nouvelle qu'offre le point de vue océanique lui donne un aspect étrange, celui d'une écorce bosselée, craquelée, qui s'étire incertaine et décousue le long du rivage.

Immobile, en attente, le surfeur recompose le paysage, refonde ses repères selon une géographie poétique. Un promeneur devient un « i » minuscule, une dune un animal hirsute, une roche un géant endormi. L'imagination retrouve ses droits ; on s'invente naufragé à la dérive vers des plages paradisiaques, l'eau froide devient chaude, les réverbères se transforment en cocotiers et les maisons laissent place à une forêt tropicale inexplorée, peuplée d'animaux étranges et de tribus primitives. Puis on se détache peu à peu des accidents de la rêverie, provoqués par le vrombissement d'un hors-bord ou d'un aéronef à l'atterrissage, pour ne garder que les manifestations furtives et éthérées de la nature. Comme ce bruit d'ailes qui envahit le ciel et révèle des centaines de cormorans et de mouettes qui s'envolent dans un gigantesque échiquier de plumes. Une lune ivre qui chavire. Un soleil qui mûrit, déborde, s'étire puis éclate au zénith. Un vent qui piétine, brisant en d'infinis éclats le miroir de l'eau. Un ciel profond et ascétique, vidé de tout, jusqu'à sa couleur ; ou au contraire, lourd de gourmandise, repu de nuages indigestes et polymorphes. Sous les tropiques,

des raies s'élancent hors de l'eau, des baleines per-
pétuent leur lente et immuable migration, à peine
intriguées par ces curieux primates aquatiques
assis sur leurs flotteurs ovoïdes. Puis d'autres
surfeurs à plumes et à nageoires, escadrille de
pélicans, flottille de dauphins ou tortue solitaire,
surgissent brusquement pour partager une vague
dans un spectacle troublant de beauté et de grâce.

Chaque lieu, composé de paysages, de représen-
tations et de visages différents, possède sa magie, sa
singularité. Lorsque je me remémore mes aventures
« surfistiques » au Portugal, je revois les sardines
grillées, les agaves, les hippies dans leurs camion-
nettes. Quand je repense aux vagues açoréennes,
ce sont les images des caldeiras, les plages de sable
noir et les haies d'hortensias qui m'apparaissent.
L'Irlande m'évoque la bruine, les moutons et les
étendues de tourbe. On ne peut surfer en ignorant
le monde alentour. Avant d'arriver sur le littoral,
on est forcément imprégné par la culture, la géographie et l'esprit du lieu où l'on se trouve.

Lorsque je me rendis pour la première fois
à Hossegor, en France, ou à Puerto Escondido,
au Mexique, j'étais pénétré depuis longtemps par

la symbolique de ces endroits chargés de sens. Aller surfer une vague de renom, c'est d'abord aller à la rencontre d'un mythe. Comme l'Everest, le K2 ou l'Annapurna pour les alpinistes, les noms de Shipsterns Bluff, Jaws ou Cyclops inspirent crainte et fascination à l'amateur de surf. Ils sont associés dans son esprit à des mâchoires d'écumes monstrueuses, à mille images ressassées qui endossent tous les superlatifs.

D'autres spots, moins dangereux mais tout aussi légendaires, viennent s'ajouter à ces vagues célèbres entre toutes. Certains surfeurs s'attellent à la lourde tâche d'en dresser une liste, sur laquelle ils cochent des croix en guise de forfait. D'autres — je fais partie de ceux-là — préfèrent s'en remettre au hasard des voyages... C'est souvent en suivant les conseils d'un pêcheur ou en m'entretenant avec un paysan que je découvre — quelquefois après plusieurs heures de marche à travers la jungle — une plage vierge et inaccessible sur laquelle déferle l'objet de tant de convoitise.

L'ouïe est le premier sens à percevoir la vague. Bien avant qu'elle ne se révèle, on est frappé par son grondement sourd. On aime à s'imaginer quelles formes se cachent derrière ce son pareil à une détonation ou à celui d'un papier qu'on déchire. L'onde qui s'écroule produit d'innombrables gammes qui renseignent sur sa puissance ou sa manière de dérouler. J'ai passé de nombreuses nuits à écouter cet écho venu du large : chaque vague qui meurt sur le sable est un chant de sirènes, un appel envoûtant qui fait naître un sentiment mêlé de peur et d'attraction.

Parfois, les indications glanées auprès de rencontres fortuites se révèlent mensongères ou erronées. On était grisé par l'idée de découvrir une langue de sable inconnue, une vague nouvelle, et l'on s'écorche sur les pentes rocailleuses et escarpées des falaises en se frayant un passage au milieu des épines de cactus ou d'argousier. Alors qu'au détour d'un cap ou d'une épaisseur arborescente s'augurait la vision idyllique qui entretenait la hardiesse, la sente débouche sur une impasse et l'on rebrousse chemin, écoutant au loin la rumeur d'une houle qu'on ne verra jamais. L'expérience de ces déceptions est cependant porteuse d'enseignements ; pour ma part, c'est ainsi que j'ai compris qu'en réalité, la vague n'était pas la finalité mais le prétexte qui me conduisait à tant d'efforts : peu m'importait le but pourvu que j'eusse la quête.

Flottant au-dessus du vide, le moindre frémissement conduit la raison à vouloir rattraper les égarements de la pensée, à sonder la conscience, comme voudrait le faire l'homme avec les profondeurs abyssales. Mais le folklore a foutu le camp et il ne reste aujourd'hui qu'un seul monstre marin pour porter toutes nos craintes : le requin. Emblème de l'épouvante marine, origine de nos phobies aquatiques, cauchemar des surfeurs, bouc émissaire des pêcheurs, il cristallise nos angoisses profondes. À tort. Faut-il des chiffres pour se l'avouer, des comparaisons pour le comprendre ? L'éléphant par exemple. Son air débonnaire et son aspect moins effrayant nous feraient presque oublier qu'il est soixante fois plus meurtrier. Tout comme l'hippopotame, le lion, le crocodile, le scorpion, le serpent, l'abeille et même la méduse qui provoquerait une centaine de décès par an dans le monde, contre seulement une dizaine pour le requin. Même les noix de coco seraient plus mortelles que les attaques de requins... quinze fois plus ! Les rares accidents sont liés à une erreur d'identification. Le surfeur assis sur sa planche, les jambes de chaque côté, apparaît comme une tortue marine ou le cadavre d'un poisson au requin qui s'y méprend, s'approche et effectue une morsure dite d'exploration. Le corps humain, trop pauvre en graisse, n'est pas adapté aux besoins du squale, et l'attaque s'arrête donc là. Malgré tout, la mâchoire puissante et acérée peut-être à l'origine de graves lésions, entraînant dans de rares cas le décès. Mais gardons à l'esprit que moins d'un dixième des attaques survenues dans le monde ont une issue mortelle. Une réalité qui reste éclipsée par notre peur primitive des profondeurs et des espèces qui les habitent.

Le monde marin est un spectacle d'inspiration permanente. Qu'on se trouve seul dans un petit coin de paradis ou parmi un chapelet de planches flottant à la surface, il y a toujours un instant pour s'abandonner à la contemplation. Le paysage instille la rêverie, l'attente se charge du reste, immobilisant le corps et laissant à l'esprit d'infinies possibilités de s'étendre. Elle ouvre une dimension introspective à ceux qui s'émerveillent encore. Il est néanmoins fréquent d'entendre les déçus du surf se désoler du déséquilibre entre le temps d'attente et le temps de glisse, qui ferait de ce sport une activité monotone. Pourtant, guetter l'onde et emprunter son chemin sont deux actions imbriquées dans un ensemble cohérent. Les quelques secondes passées sur la vague auraient-elles la même saveur sans les minutes d'attente qui les précèdent ? Attendre, c'est écouter le monde et reformuler sa subjectivité par rapport au temps. C'est refuser la linéarité en considérant les événements qui se succèdent comme contractiles ou extensibles. Une sorte de mercure à densité variable, capable de plus d'intensité selon les aléas et les circonstances. Le surf se partage entre l'attente et l'action, le calme et l'excitation, tout comme l'océan peut être harmonie ou chaos. C'est au surfeur de trouver l'entre-deux, l'équilibre entre la sérénité de l'esprit et la puissance du corps.

Surfer est la célébration d'une existence pleine et authentique qui ne convient guère aux balisages qu'affectionne notre temps. On comprend mal l'obstination des surfeurs à répéter les mêmes gestes, à déployer tant d'efforts pour un plaisir si éphémère. Quoi de plus insensé en effet, dans nos vies accélérées, toujours dans l'urgence, que de se mettre à l'eau et d'attendre une vague hypothétique ? Quoi de moins raisonnable que d'aller au-devant du danger alors que partout s'exprime l'obsession de la sécurité ? Entrer dans le tumulte glacial pour défier les puissances créatrices, répéter l'incessant corps à corps où fusionnent l'homme et l'élément, se laisser dériver à la surface de l'eau, représente bien plus qu'un jeu ou qu'un divertissement. Le surf, hymne à la lenteur et à l'altérité, est une discipline à contretemps. En luttant fugacement contre l'océan, le surfeur, consciemment ou pas, revendique sa singularité.

Il est l'iconoclaste qui avance à contre-courant du modèle établi. Pour cette raison il est souvent mis à l'index, catégorisé comme le marginal, l'antiproductiviste indésirable qu'on dédaigne ou qu'on raille. Mais il est aussi – on ne se l'avoue que rarement – celui qu'on envie d'avoir su prendre d'autres chemins. Tel le profane qui contemple depuis le sable les courbes que dessine la planche, j'ai moi aussi été enivré par ce spectacle d'élégance et de liberté. Attiré par la beauté du geste, je voulais essayer. Nombreux ont été les aléas et les désillusions qui auraient pu me conduire à renoncer. Pourtant, une mystérieuse attraction m'invita toujours à revenir. Quelle est-elle ?

Je crois pouvoir y répondre aujourd'hui. Ce qui me poussa à vouloir accéder à cet instant fugitif qu'est la glisse, c'est justement la fascination pour son caractère fugace, l'impermanence n'étant pas la contrainte mais la condition *sine qua non* à remplir pour être touché par la grâce. C'est là que se trouve toute l'énigme : offrez au surfeur une vague sans fin et vous lui enlevez le goût du surf. La glisse est précieuse parce qu'elle est d'une sublime et brève intensité : comme le bonheur, le coït ou la passion. Les vagues qu'on dévale les unes après les autres sont des moments de rareté mis bout à bout qui n'existent que parce qu'ils disparaissent. Si le plaisir est proportionnellement accordé à la durée, alors la fugacité des sensations vécues en surf en fait l'expérience la plus extraordinaire qu'il nous est donné de tenter. On peut marcher des heures, naviguer des jours, voler de longues minutes ; on ne surfe en revanche que quelques secondes...

Le moment fatidique est enfin venu. L'onde s'approche et se métamorphose, se gonfle, s'écrase, se déplace. Impossible d'en sonder complètement la nature. Comment anticiper l'imprédictible ? Cet exercice de perspicacité visuelle – on dit du surfeur qu'il *lit* la vague – convoque aussi bien l'expérience que l'intuition. La taille, la vitesse, la direction, le point de rupture, la forme, le déroulement, sont autant de paramètres qu'il faut apprendre à déceler dans le but de trouver l'endroit précis qui donnera l'impulsion, ce que certains appellent le lanceur. Dans les débuts, cette étape primordiale se voit soldée par une succession de tentatives infructueuses. Si l'on est trop à l'intérieur de la courbe, on sera happé par le déferlement et ce sera la chute ; trop à l'exté-rieur, trop à l'écart de la déclivité, et la masse d'eau roulera sous le surfeur sans l'emporter. Il s'agit d'un dosage difficile qui se perfectionne avec le temps et offre à celui qui s'arrache enfin à l'immobilité une récompense inattendue.

Sur la pente ondoyante, je rame énergiquement pour venir m'accorder au mouvement de la vague, aux pulsations de l'océan. Transporté, il ne me reste qu'à pousser sur mes bras et me lever, jambes fléchies sur la planche. D'un geste prompt me voilà debout, sorti du monde liquide. Un instant fugace de franchissement entre l'eau et l'air, entre l'état stationnaire et la glisse. C'est le *take off*, l'entrée en transe. Faisant corps avec l'élément, je sens naître en moi une sensation proche de l'envol, une ivresse incoercible qui mêle peur et excitation. Toute mon attention se mobilise à la recherche de ce que présagent les moindres mouvements de l'eau. Ma concentration est intense, le sang bat fort sous ma peau. Mon regard vif précède avec une acuité extrême la course du surf sur la ligne de courant qui définit la trajectoire de la vague. Le surfeur débutant suit ce rail sans s'en écarter, se faisant porter avec constance jusqu'à ce que l'onde s'épuise. Plus expérimenté, il l'utilise comme ligne d'impulsion, à la manière d'une rampe, y revenant constamment chercher la vitesse nécessaire à l'exécution de ses figures. C'est ainsi que naît le style : sur cette composition aléatoire entre l'homme, l'océan et sa planche.

L'importance de cette dernière dans la scansion du corps est essentielle, c'est pourquoi elle se décline aujourd'hui sous des formes de plus en plus spécifiques, à l'intérieur de deux grandes catégories, le *shortboard* et le *longboard*, que distingue essentiellement la taille. Beaucoup plus long, mais également plus lourd et plus flottant, le *longboard* est aussi plus proche du mouvement de la vague, plus fluide, plus harmonieux, plus honnête. Dans son union avec l'élément, le surfeur instaure une sorte de dialogue avec l'onde qui le porte. On le voit épouser parfaitement la masse en déplacement, offrant une traduction intime de son déroulement. Un langage sensible mêlé de grâce et d'élégance.

Quant au *shortboard*, c'est tout le contraire. Plus jeune, il est aussi plus court, moins stable et plus réactif. Loin du style classique, il correspond mieux à son époque et à l'intérêt qu'on porte au spectacle. Sur la plage, les acrobaties convoquent les foules et assurent le spectacle. Dans une sur-enchère de sensationnel les néosurfeurs se défient sur des figures encore impensables il y a quelque temps. La vague s'apparente alors à une rampe de *skate* sur laquelle on se risque à des manœuvres toujours plus aériennes. De la haute voltige que le surfeur exécute dans un style explosif, en faisant décoller, tourner, vriller sa planche avec une agilité déconcertante. On est loin de l'élégance qui caractérise le *longboard*, de l'arrondi des courbes et de la douce progression. Sur tous les spots de la planète on retrouve ce goût des figures, comme si se laisser glisser ne suffisait plus. Le surf moderne s'affranchit du mouvement de l'onde : il coupe, feinte, s'envole, dépasse, frappe, dans une exhibition d'éclaboussures, sorte de baromètre du virage bien réussi. Pourtant, que le style soit sobre ou ostentatoire, l'essentiel demeure : constante et inaltérable, il reste la vague.

Tsunamis, marins naufragés, vagues scélérates, films catastrophe : dans la conscience collective, la vague est menaçante. L'histoire des hommes, ponctuée de tempêtes, de désastres et de cataclysmes, a mythifié les éléments en furie, faisant des crêtes d'écume un symbole de destruction. Qui n'a pas en tête la célèbre estampe japonaise de Katsushika Hokusai, représentant la monstrueuse et menaçante vague de Kanagawa, prête à engloutir le mont Fuji ? Ou celles, anonymes mais tout aussi apocalyptiques, qui s'étalent sur les écrans de cinéma ? Depuis toujours l'homme craint l'océan et particulièrement les vagues. Elles ont marqué notre culture, sont entrées dans notre langage, dans notre inconscient, traduisant nos incertitudes et l'instabilité de nos émotions. Ne parle-t-on pas de sentiments houleux ? Ne sommes-nous pas dans une situation préoccupante lorsque nous nous trouvons au creux de la vague ? Ou exposés à un danger de grande ampleur face aux vagues de sécheresse, d'attentats ou de violence ? Le surfeur redoute lui aussi ces parois mouvantes qui se brisent avec fracas. Mais plus sûrement encore il les adule. Une sorte de respect superstitieux confère à ses yeux à l'onde océanique une valeur presque sacrée, qui s'apparente au culte de l'objet naturel qu'on retrouve dans les croyances totémistes. Un symbole craint et respecté, autour duquel on se réunit et s'organise. Tout comme le clan honore son totem le surfeur vénère sa vague.

Plus évidentes encore sont les analogies entre la sensualité de l'onde et celle de la femme. Les surfeurs parlent de cambrure, de courbes, d'arrondis, et désignent la lèvre, l'épaule ou la chevelure de cette masse d'eau qu'ils caressent de leur planche et à l'intérieur de laquelle ils cherchent refuge. Entrer dans les entrailles de la vague déclenche en eux une émotion indicible, à tel point que leur perception de l'espace et du temps y semble altérée. Un entre-deux-mondes de l'impermanence qu'ils ont baptisé «la chambre verte» ou plus communément «le tube». Ce ventre d'eau rappelle étrangement la matrice, tout comme la curieuse homophonie de la langue française qui associe la mère nourricière et la mer berceau de la vie sur terre. Le surfeur rechercherait-il dans le tube la sensation de quiétude et d'osmose que procure la vie intra-utérine?

Peut-être plus encore! Il reconstitue inconsciemment les conditions de sa naissance dans le but de réparer le choc du «déracinement liquide», ce que les psychothérapeutes appellent le traumatisme primal. En venant se lover à l'intérieur du tube, il réaliserait donc une sorte de psychanalyse corporelle visant à revivre l'expérience de sa naissance. Ce *rebirthing* aquatique lui permet de respirer à pleins poumons tout en se trouvant dans le cocon de la vague. Une naissance sans transition, sans souffrance ; une expérience transcendantale qui fait l'alliance parfaite entre l'eau et l'air, le dehors et le dedans.

D'un point de vue plus rationnel, mécanique disons, la vague reste un phénomène complexe. Le courant, la marée, le vent, la direction de la houle, sa puissance, l'orientation de la plage, la nature des fonds marins, sont autant de paramètres qui la déterminent et lui donnent son caractère aléatoire et singulier. Inutile donc de s'attarder sur la théorie sinusoïdale d'Airy ou la dérive de Stokes pour essayer de la comprendre. Laissons à la nature sa part de mystère et à notre esprit le soulagement du raccourci ! Pour simplifier, on peut retenir que les vagues sont des ondes. Des ondes qu'on désigne aussi sous le terme générique de houle, et qui à de rares exceptions près sont formées par le vent. Pour se représenter ce phénomène, il suffit de souffler sur un plan d'eau lisse afin de voir apparaître les ridules qui se propagent à la surface, dans un lavabo par exemple. C'est exactement ce qui se produit quand une tempête sévit en pleine mer, la seule différence étant l'échelle et les forces exercées. Le lavabo devient l'océan, et la salle de bains la sphère planétaire.

Au cœur de la tempête tout n'est que chaos, l'océan bouillonne, les vagues se croisent, se rencontrent, se fractionnent, bref, elles ne sont pas encore les longues lignes régulières qu'on observe depuis la côte. C'est une fois éloignées de la dépression qu'elles pourront se dessiner, s'organiser. En se propageant, leur taille, leur vitesse, leur écart, s'harmonisent naturellement pour former un mouvement cohérent, une houle régulière. Si aucun obstacle ne vient perturber sa progression la houle régulière ne perd quasiment pas de puissance et voyage ainsi durant des milliers de kilomètres. Dans l'océan Austral, il arrive qu'elle effectue plusieurs fois le tour de la planète. Engendrée par d'importants systèmes de basses pressions, elle se déplace d'ouest en est sur l'étendue d'eau qui ceinture la Terre au niveau du 60e parallèle sud. Un tapis roulant de 20 000 kilomètres dépourvu de terre, qui a pour seul obstacle l'immensité.

Au vu de telles distances, on comprend mieux pourquoi le surfeur californien s'intéresse aux dépressions des côtes patagonnes ou le surfeur portugais à celles qui naissent au large de l'Irlande. Toutefois, la houle qui se déplace à la surface de l'océan n'est pas encore la vague qui déferlera sur la côte. C'est à l'approche du rivage que tout se joue. Au contact du relief sous-marin, sous l'action du frottement, la masse d'eau en déplacement va progressivement ralentir jusqu'à basculer vers l'avant. Une sorte de tacle dont l'effet varie en fonction de la pente. Une déclivité faible et continue dissipe l'énergie de la vague qui se brise lentement sous forme d'écume : c'est le déferlement glissant. En revanche, une pente abrupte provoque une projection soudaine de la crête : c'est le déferlement plongeant. Plus spectaculaire, il est particulièrement recherché des surfeurs puisqu'il correspond à une vague plus puissante, plus rapide et plus creuse, qui favorise dans certains cas la formation du fameux tube.

Depuis leur genèse dans les tempêtes océaniques jusqu'à leur arrivée sur nos côtes, les vagues restent en constante mutation, ne laissant rien paraître de la partition qui se jouera aux derniers instants de leur voyage. Telles des chimères, elles laissent au surfeur tout le loisir d'y croire et de poursuivre sa quête. Des plages de Yakutat en Alaska aux atolls polynésiens, il n'y a pas une grève ouverte au lointain qui n'ait été battue par les flots. Peu importe la taille et la puissance : il suffit de quelques centimètres pour sortir sa planche et aller à leur rencontre. Et quand bien même la distance vient à éloigner le surfeur de son point d'ancrage, celui-ci parvient malgré tout à surmonter la fatalité géographique.

Pour preuve, l'émergence il y a quelques années du « surf d'intérieur », oxymore devenu concept grâce à l'apparition de piscines à vagues et plus récemment encore de machines à surfer. Un pis-aller dont certains ne se satisfont pas, préférant à la promiscuité et à l'eau de Javel l'odeur organique de l'humus. Marchant dans les bois une planche sous le bras, ceux-là s'essaient au surf de rivière. Inspiré du kayak-surf, l'exercice consiste à se maintenir sur un rappel d'eau, vague statique qui se forme à la rencontre du courant avec un obstacle et offre au funambule qui s'y hasarde l'espoir d'une glisse sans fin.

Restent enfin les surfeurs insolites qui, faute de houle, ont décidé de braver l'ennui sur une mer d'huile, se mettant en tête qu'un jour ou l'autre un transbordeur passera et laissera dans son sillage quelques vagues passagères ! Une idée burlesque mais pas si folle. Améliorée, cette discipline en pleine expansion porte aujourd'hui le nom de *wakesurf*, activité nautique récente qui se pratique essentiellement sur les lacs et consiste à glisser sur la vague d'étrave produite par un bateau. Est-ce encore du surf ? Sans doute — le bruit du moteur en plus et celui de l'océan en moins...

Où qu'il soit, le passionné poursuit sa quête, et avec elle le besoin irrépressible de se défier, de se faire maître de ses désirs et promoteur de possibles. On surfe au centre d'une ville, au milieu des Grands Lacs, au pied d'une cascade ou au bas d'une banquise. On fait ce que personne n'a jamais fait pour que ce ne soit plus à faire : une sorte de cahier des charges de l'inédit et de la performance.

C'est sur cette course aux trophées que s'est établi le « challenge des trois vagues » : la plus longue, la plus puissante et la plus grande. Dans la première catégorie, on ne présente plus la célèbre droite de Jeffrey's Bay en Afrique du Sud ou la tout aussi légendaire gauche de Chicama au Pérou, qui peuvent dérouler sur plus de 2 kilomètres. Ces noms font encore partie des lieux mythiques où le surfeur routard se doit de se rendre en pèlerinage, mais ne s'apparentent cependant pas à de nouveaux défis. Les regards se tournent désormais vers les mascarets. Pas ceux qu'on observe les jours de fortes marées sur les rivières ou les fleuves d'Europe, depuis longtemps apprivoisés. Non, la destination est à l'échelle du pari, et c'est d'abord en Chine qu'il faut se rendre, dans la baie de Hangzhou, au sud de Shanghai. C'est là que par fort coefficient des centaines de milliers de personnes s'agglutinent sur les rives du fleuve Qiantang. Au risque de se faire happer, elles viennent observer une vague dévastatrice qui peut atteindre 40 kilomètres / heure et mesurer plus de 3 mètres. Les riverains lui ont donné un nom : ils l'appellent le « Dragon noir ».

Autre extrémité, autre extrême : c'est de l'autre côté de la planète, à l'embouchure du roi des fleuves, qu'en 2003 le record de surf sur la plus longue vague du monde a été réalisé. Le Brésilien Picuruta Salazar aurait surfé le mascaret de l'Amazone sur plus de 12 kilomètres durant trente-sept minutes ! Des chiffres qui font oublier que, comme en Chine, cette onde terrifiante est imprégnée de légendes. Pororoca est le nom que les Tupis ont donné à ce « grand tremblement destructeur », un flot foudroyant que commandent selon eux des forces mystérieuses et capables de dévaster les cultures, d'emporter le bétail, les arbres ou les habitations. Sur ce phénomène se sont édifiées des croyances, et il est aujourd'hui le terrain de jeu de surfeurs en jet-ski, lesquels repartent aussitôt venus, peu soucieux de transmettre l'oralité séculaire de peuples indigènes.

Sur les autres marches du podium, la vague la plus puissante et la vague la plus grande souvent se confondent, la force n'étant pas systématiquement fonction de la taille. C'est ainsi que les surfeurs s'accordent à désigner celle de Teahupoo à Tahiti, non comme la plus haute, mais certainement comme la plus redoutable. La configuration du récif corallien, associée au faible tirant d'eau, convertit les fortes houles de sud-ouest en de véritables monstres liquides. Dans un effet de succion, cette combinaison des forces transfère toute l'énergie de l'onde vers la partie supérieure. C'est cette caractéristique qui fait de Teahupoo un cas si particulier. Il faut le voir pour le croire : toute la dynamique est alors concentrée dans la crête plongeante qui vient s'écraser sur le corail. Le surfeur entre dans un tube de plusieurs mètres de large qui le propulse à une vitesse inimaginable. Derrière lui tout implose. Sous l'effet de la pression, l'air est comprimé et violemment soufflé vers la sortie. Il faut à tout prix suivre la ligne de courant, rester concentré malgré le bruit de déflagration qui s'intensifie, surtout ne pas tomber, ne même pas y penser. Ceux qui l'ont emprunté dans les plus féroces conditions le savent, la chute est une option périlleuse, voire fatale. Teahupoo est l'aboutissement d'une vie de passionné, d'années d'expérience. La difficulté et les risques sont extrêmes : il n'appartient qu'aux plus aptes de s'y mesurer.

Le surf hors norme ne s'improvise pas. Et pourtant ils sont de plus en plus nombreux à vouloir relever le défi, suite logique, étape ultime d'une quête d'absolu. Comme l'alpiniste fait la course aux 8 000, le surfeur poursuit inexorablement les plus hauts sommets océaniques. Ces derniers, à la différence des cimes himalayennes, restent néanmoins des incidents météorologiques. Ils apparaissent au rythme d'une mécanique céleste, de l'alternance des saisons, selon une topographie cyclique et incertaine. Nimbés de mystère et d'incertitude, ils laissent place aux fantasmes les moins raisonnables, dont celui de descendre un jour la vague mythique de 30 mètres.

Quelques-uns s'en sont approchés sans jamais l'atteindre, immortalisant en images et en superlatifs leur expérience extrême sur des montagnes d'eau devenues légendaires. Les plages européennes, relativement bien protégées par le plateau continental, ne voient qu'en de rares endroits les longues houles polaires atteindre la démesure. Parmi ces exceptions, il y a la côte inhospitalière de l'Ouest irlandais, exposée aux énormes houles dépressionnaires qu'alimente l'automne. C'est là qu'on retrouve la vague verte et glaciale d'Aileen's, qui s'écrase au pied des falaises escarpées de Moher. Ou plus au sud, nichée au fond du golfe de Gascogne, la fameuse Belharra, qui s'est imposée comme l'une des plus grandes jamais surfées. Dans l'hémisphère Sud, sous l'influence des dépressions australes, les exemples sont plus nombreux, que ce soit en Afrique du Sud, en Tasmanie ou en Australie. C'est néanmoins dans le Pacifique Nord que le « gros surf » s'est fait un nom. Todos Santos au Mexique, Cortes Bank au large de la côte ouest des États-Unis, ou encore les vagues froides et meurtrières de Ghost Trees et de Mavericks en Californie, marquent les esprits par leur puissance et leur gigantisme. C'est néanmoins au milieu de l'océan que le surf a trouvé son lieu d'élection. Sur l'archipel d'Hawaii, la glisse est une tradition séculaire, la vague accompagne l'individu tout au long de sa vie. Elle influe sur son comportement, ses relations et sa place dans le groupe. L'âge venu, braver les plus hautes crêtes est considéré comme un rite de passage qui marque l'entrée du surfeur dans le monde adulte. Autant dire qu'au-delà de la peur qu'inspire une paroi mouvante de plus de 6 mètres, c'est d'abord l'honneur de la surfer qui l'emporte !

Les rares spécialistes qui bravent ces chimères savent que malgré l'expérience, les risques mesurés et les gilets de protection, l'issue peut être fatale. C'est un risque qu'ils connaissent et sont prêts à prendre pour vivre jusqu'au bout leur passion. Peter Davi l'a pris à Ghost Trees, tout comme Mark Foo à Mavericks. Tous deux, comme bien d'autres, sont allés jusqu'au terme de leur quête, de leur vie aussi.

Le jour se ferme et la timide lumière du soleil d'hiver se détache lentement du zénith. C'est la mort du jour et c'est la mort de l'onde. Après des milliers de kilomètres parcourus, elle s'écroule ici, expirant son dernier souffle, concédant ses dernières forces, ses derniers instants. Dans le crépuscule, je l'accompagne. De chaque côté, l'écume galope sur la surface telle une ultime charge de cavalerie. Mon acuité au monde est intense, étrange, comme imprégnée d'une nouvelle vérité. Tout en moi semble vouloir s'accorder avec l'immensité. Je vis ce que Romain Rolland a appelé le « sentiment océanique », cet instant d'éveil spirituel où la conscience prend contact avec le monde. Une notion d'élévation dans laquelle la vague représente l'être et l'océan l'universalité, tout comme le monde flottant de l'*ukiyo-e* et la grande vague de Kanagawa que Hokusai s'est appliqué à peindre. Cherchait-il quelque chose ?

Le subtil équilibre, l'harmonie parfaite de la vague et de l'océan, de l'être-au-monde ?

L'obscurité remplit maintenant l'horizon et le ciel lève son voile sur l'infini. Sous les étoiles, seuls persistent le grondement diffus et la blancheur de l'écume. Je sors de l'eau ; je suis allé jusqu'au bout. Cette idée m'envahit d'une indescriptible plénitude. Demain, je recommencerai ; peu importent la pluie, le froid ou la taille des vagues. Je reviendrai, poussé par ce magnétisme, guidé par l'instinct. Je me rappellerai qu'il n'y a pas si longtemps j'étais enfant et qu'enfant j'étais curieux ; que je glissais dans une baignoire ou sur le carrelage du salon à la recherche d'expériences inédites. Ces expériences me donnaient déjà une autre idée du mouvement et du monde, et, surtout, une autre idée de moi-même.

Ledewijk Allaert

Huatulco, État d'Oaxaca, Mexique
Décembre 2010

Couverture : Roller / David Pu'u — Corbis
Collection : « Petite philosophie du voyage »
Conception graphique : Matthieu Raffard
Réalisation : Transboréal
ISSN : 1956-0664
ISBN : 978-2-36157-019-4
Dépôt légal : mai 2011

TRANSBORÉAL
EST UNE MAISON D'ÉDITION
QUI VEUT PROMOUVOIR LE TRAVAIL D'AUTEURS,
D'ILLUSTRATEURS ET DE PHOTOGRAPHES
AYANT FAIT PREUVE D'ABNÉGATION ET DE COURAGE
LORS D'ÉTUDES OU DE VOYAGES AU LONG COURS
MARQUÉS PAR UNE RÉELLE CONNIVENCE
AVEC LE MILIEU HUMAIN OU
LE MONDE NATUREL

© 2011, Transboréal
23, rue Berthollet — Paris (v^e)
téléphone : 01 55 43 00 37
télécopie : 01 55 43 00 38
contact@transboreal.fr
www.transboreal.fr

ACHEVÉ D'IMPRIMER EN AVRIL 2011 SUR LES PRESSES
DE LA NOUVELLE IMPRIMERIE LABALLERY
À CLAMECY (58)
NUMÉRO D'IMPRESSION : 104079